MARKETING SUR INSTAGRAM

UN GUIDE POUR DÉVELOPPER VOTRE MARQUE SUR INSTAGRAM

JACOB KIRBY

CONTENTS

INTRODUCTION

Les médias sociaux ont connu une croissance fulgurante au cours des dix dernières années, révolutionnant la communication personnelle et professionnelle. Tout le monde utilise les médias sociaux pour diverses raisons, et il est difficile d'imaginer que quelqu'un n'ait pas quelques applications de médias sociaux ou plus sur ses appareils personnels à notre époque. Parmi toutes les applications les plus populaires, Instagram s'est imposé comme un acteur majeur de la pléthore d'applications de partage de photos et de vidéos, et a longtemps été la norme de facto dans cette catégorie. L'application a certainement parcouru un long chemin depuis qu'elle a fait irruption sur la scène en 2010. À l'époque, il s'agissait d'une simple plateforme sociale permettant de partager des photos de vos animaux de compagnie, de vos plats et de vos voyages vers des destinations exotiques, et elle a même été à l'origine de la résurgence de la tendance du "selfie".

En 2022, Instagram est passé d'une simple application de partage de photos à un outil de marketing complet utilisé par les entreprises, les marques et les influenceurs. Traditionnellement, avant que les médias sociaux ne commencent à prendre le dessus, le seul moyen pour une entreprise de démarrer ses activités de marketing en ligne et numérique était de développer et de maintenir un site web hébergé par un domaine. Qu'il s'agisse d'un média, d'un blog, d'un produit ou d'un service, il était nécessaire d'avoir un site web afin de générer un trafic de clients pour la croissance de l'entreprise. Aujourd'hui, avoir un site web est une bonne idée pour la plupart des entreprises, mais c'est loin d'être nécessaire. Instagram et les plateformes de médias sociaux ont commencé à modifier le marketing numérique et en ligne tel que nous le connaissons.

Avec plus de deux milliards d'utilisateurs actifs, Instagram est sans aucun doute la plateforme la plus active socialement dans le monde aujourd'hui. Selon Send-Pulse, "le temps moyen passé sur la plateforme par les utilisateurs est de 53 minutes chaque jour et au moins 90 % des utilisateurs suivent au moins une entreprise ou une marque." Quel que soit le secteur auquel vous appartenez, la commercialisation de vos services ou produits sur Instagram n'a jamais été aussi facile et constitue certainement une évidence. Avec des méthodes stratégiques et des analyses perspicaces, une marque peut facilement faire évoluer son activité sur la plateforme.

Le marketing en tant que processus nécessite encore beaucoup d'efforts avec la compréhension de votre public et de la plateforme sur laquelle vous opérez. Heureusement, Instagram simplifie les choses pour les entreprises grâce à ses fonctions d'analyse intégrées, qui peuvent aider à suivre diverses mesures et indicateurs clés de performance liés au trafic et à l'engagement des clients. Les entreprises et les marques peuvent également évaluer la performance de leurs posts en fonction de l'interaction avec les clients, et il est donc essentiel pour chaque marque d'interagir avec ses followers et de les transformer en clients potentiels. Il est tout aussi important de pouvoir non seulement diriger le trafic des clients existants vers les bons canaux à partir de la plateforme, mais aussi d'élargir l'audience et d'attirer de nouveaux adeptes par le biais de la publicité. Avec la bonne stratégie publicitaire et des liens cliquables, la plateforme donne à chaque marque et à chaque entreprise la possibilité de cibler les bons clients et de s'engager avec eux par le biais du type de contenu qu'ils recherchent.

Que vous soyez propriétaire d'une petite entreprise ou influenceur sur les médias sociaux, ce guide vous accompagnera tout au long du processus, de la création de votre compte professionnel à la publicité sur la plateforme, et vous fournira toutes les informations dont vous avez besoin pour vous aider à développer et à faire évoluer votre marque grâce au marketing Instagram.

CHAPITRE 1 : INSTAGRAM POUR LES ENTREPRISES

Alors que nous continuons à croître et à progresser à l'ère des médias sociaux, il est primordial que les entreprises et les marques continuent à évoluer, à s'adapter et à accueillir toutes les opportunités promotionnelles que les plateformes de médias sociaux peuvent apporter. La commercialisation de vos produits ou services sur Instagram nécessite beaucoup de stratégie et de cohérence avec le contenu et l'engagement avec vos followers. Cette section aborde les avantages du marketing sur Instagram, la création d'un compte professionnel et la définition de vos objectifs.

La création et le maintien d'un excellent profil est le premier facteur clé pour transformer les visiteurs curieux en fidèles qui peuvent ensuite interagir et s'engager avec le contenu que vous créez. L'engagement dans le contenu est ce qui amorce le processus de construction de cette relation fondatrice avec vos followers. C'est pourquoi il est impératif pour les entreprises et les marques d'avoir un flux Instagram qui soit aussi bon que la page d'accueil de leur site web, car de plus en plus de personnes commencent à chercher des entreprises sur Instagram avant de les rechercher sur Google.

Importance d'avoir un compte professionnel

Il y a une différence entre avoir un compte personnel classique et un compte professionnel sur Instagram. Au départ, si vous êtes une petite entreprise, une marque ou un influenceur, il n'y a pas de mal à commencer avec un compte personnel si vous vous mettez juste en avant en publiant régulièrement du contenu décent. Cependant, lorsque votre marque commence à se développer et à gagner en popularité, il peut être difficile de suivre la croissance en utilisant un compte personnel. Vous ne comprenez peut-être pas ce que votre public recherche, vous ne publiez peut-être pas assez de contenu pour que l'algorithme d'Instagram promeuve votre profil auprès d'un plus grand nombre de personnes, etc. Cela peut conduire à une stagnation de votre croissance sur la plateforme et elle peut même décliner si le problème n'est pas soigneusement analysé. Passer à un compte professionnel vous donne plus de fonctionnalités que vous pouvez utiliser à votre avantage pour conduire une meilleure expérience utilisateur pour vos followers. Dans cette section, nous allons examiner de près comment vous pouvez facilement configurer votre profil Instagram pour qu'il soit prêt pour les entreprises.

S'il est possible de créer une marque et de commercialiser vos services ou produits avec un compte personnel classique si vous êtes un influenceur, vous avez la possibilité de passer à un profil professionnel qui débloquera de nombreuses fonctionnalités avancées, comme par exemple :

- Analyses approfondies - Les analyses vous permettent de savoir quelles sont les publications qui marchent bien, combien de personnes ont réagi à ces publications, etc.

- Bouton de contact et de réponse rapide - Les clients peuvent vous appeler ou vous envoyer un courrier électronique directement grâce au bouton de contact, et les réponses rapides envoient des messages pré-rédigés aux clients pour les questions les plus courantes.

- Promotion des messages - La promotion de vos messages à l'aide de publicités peut vous permettre d'atteindre un plus grand nombre de personnes et d'attirer un plus grand nombre de personnes.

- Fonctionnalité Swipe up - Après avoir franchi 10 000 followers, vous pouvez inclure des liens dans vos stories Instagram pour rediriger le trafic vers un site web, une boutique en ligne, des services et des ressources, etc.

- Instagram Shopping - Il s'agit d'une fonctionnalité intéressante pour les magasins de détail en ligne et les marques de commerce électronique, permettant à un compte professionnel d'activer l'onglet boutique qui redirige le trafic des clients vers la boutique en ligne pour terminer l'achat d'un service ou d'un produit.

Création d'un compte professionnel

Un compte professionnel bien structuré crée une excellente première impression, respire le professionnalisme et attirera l'attention de vos followers potentiels. Les marques populaires dans leurs secteurs respectifs comprennent l'importance d'avoir un profil homogène qui offre une expérience utilisateur soignée et exceptionnelle à leurs followers.

D'autre part, négliger une configuration professionnelle ou ne pas optimiser l'expérience utilisateur sur votre profil peut potentiellement conduire à la perte de followers au profit de concurrents, même si la marque est leader dans son secteur d'activité.

Pour commencer à configurer votre profil pour les entreprises, vous pouvez procéder de plusieurs manières. Si vous disposez déjà d'un compte personnel classique et que vous souhaitez passer à un compte professionnel, vous pouvez suivre les étapes suivantes :

1. Connectez-vous à votre compte Instagram

2. Sélectionnez l'option de menu dans le coin supérieur droit de votre profil.

3. Sélectionner les paramètres

4. Sélectionner un compte

5. Appuyez sur "Passer au compte professionnel"

6. Appuyez sur "Continuer"

7. Choisissez parmi les options de "Ce qui vous décrit le mieux"

8. Sélectionnez "Entreprise" parmi les options de la rubrique "Êtes-vous un créateur" ?

9. Ajoutez l'adresse électronique, le numéro de téléphone et l'adresse de votre entreprise.

10. Touchez le bouton pour afficher vos coordonnées ou sélectionnez "Ne pas utiliser mes coordonnées" pour les masquer.

11. Appuyez sur "Se connecter à Facebook" pour vous connecter à votre page d'entreprise ou à votre compte Facebook.

12. Appuyez sur "OK" pour terminer le changement

Si vous n'avez pas encore de compte personnel sur Instagram ou si vous souhaitez plutôt créer un tout nouveau compte spécifiquement pour les affaires, il est fortement recommandé de créer d'abord une page professionnelle Facebook et de l'optimiser pour une meilleure expérience utilisateur. Vous pouvez également suivre les instructions suivantes pour créer une toute nouvelle page professionnelle Facebook et la relier à votre profil professionnel Instagram existant. Pour créer une page professionnelle, vous pouvez suivre les étapes suivantes :

1. Connectez-vous à votre compte Facebook

2. Sélectionnez l'icône de menu dans le coin supérieur droit à côté de l'icône de votre profil.

3. Sélectionnez "Page", ce qui vous dirigera vers l'écran "Créer une page".

4. Ajoutez le nom de votre page

5. Sélectionnez votre catégorie d'entreprise

6. Ajoutez une brève description de l'entreprise

7. Appuyez sur "Créer une page"

8. Ajouter une image de profil et une photo de couverture

9. Appuyez sur "Enregistrer"

Vous pouvez optimiser votre page d'entreprise Facebook en créant un nom d'utilisateur, en ajoutant et en supprimant des boutons pour diriger le trafic des clients, en optimisant les publicités et les avis sur Facebook, en ajoutant les coordonnées et l'emplacement, les heures d'ouverture, les types de services et les fourchettes de prix, etc.

Il est important d'optimiser soigneusement votre page professionnelle Facebook afin de créer la meilleure expérience utilisateur pour vos clients et les visiteurs qui essaient de vous rechercher sur Facebook. Une fois que vous avez configuré votre page professionnelle sur Facebook, connectez-vous à Instagram à l'aide de vos données Facebook et suivez les étapes ci-dessus pour configurer un profil professionnel sur Instagram. Une fois que vous avez configuré votre page professionnelle et votre profil sur les deux plateformes, vous devriez maintenant être en mesure de publier systématiquement le même contenu pour accroître l'engagement de vos clients sur les deux plateformes simultanément.

Optimisation des paramètres du compte

Maintenant que nous avons vu comment configurer correctement votre profil professionnel sur Instagram et que nous avons brièvement expliqué comment créer une page professionnelle sur Facebook et la relier à votre profil professionnel sur Instagram, commençons à optimiser votre profil professionnel.

Nom et utilisateur

nom

Il est vivement recommandé d'utiliser le nom réel de votre entreprise dans la section "Nom" afin que les visiteurs et les personnes qui vous suivent déjà puissent le reconnaître facilement, car il s'agira de votre nom d'affichage, juste sous votre photo de profil. Il est préférable de rester simple, car il y a une limite de 30 caractères, et vous devez en être conscient si votre nom d'entreprise est long. Si vous êtes un influenceur, vous pouvez utiliser votre vrai nom si vous développez votre marque et créez du contenu centré sur vous et votre style de vie.

Le nom d'utilisateur est un nom unique pour votre profil, spécifique à la plate-forme. Vous pouvez faire preuve de créativité, mais en général, il est préférable qu'il soit simple, facile à trouver et reconnaissable pour les visiteurs et les followers existants s'ils veulent s'engager avec vous. C'est le nom que vous utiliserez lorsque vous vous engagerez avec vos followers et que vous collaborerez avec d'autres comptes Instagram. Votre nom d'utilisateur doit être le reflet de votre présence sur la plateforme, alors assurez-vous d'en choisir un qui résonne avec votre marque et ce pour quoi vous voulez être connu.

Profil de l'image

Votre photo de profil doit être en rapport avec votre entreprise ou votre marque. Ainsi, si vous êtes une petite entreprise et que vous avez déjà un logo qui définit votre marque, vous pouvez l'utiliser comme photo de profil. Si vous êtes un influenceur et que vous promouvez un certain type de contenu autour d'un service ou d'un produit, vous pourriez avoir une photo personnelle qui résonne avec la vision et le message global de votre marque. Une bonne photo de profil laissera une image durable dans l'esprit de ceux qui vous suivent, alors ayez toujours une image cohérente avec votre image de marque. Veillez à laisser un peu d'espace autour des coins de votre image, car Instagram recadrera votre photo de profil en cercle.

Bio

Votre bio Instagram est comme votre première présentation au monde, façon elevator pitch. C'est l'occasion de mettre en avant votre personnalité et de faire savoir aux gens qui vous êtes et pourquoi ils devraient vous suivre. Elle doit également être suffisamment concise pour donner aux followers potentiels une idée du type de contenu qu'ils peuvent attendre de vous.

Instagram a fixé une limite de 150 caractères pour votre bio, vous devez donc être aussi créatif et concis que possible.

Votre bio Instagram est également le seul endroit où vous pouvez faire figurer un lien cliquable pour diriger le trafic vers un autre site web ou une autre page. Utilisez un raccourcisseur de liens pour raccourcir le lien afin qu'il ne prenne pas trop de caractères, et un générateur de liens si vous avez plus d'un lien.

Si vous êtes un influenceur et que vous souhaitez vous démarquer par une profession, un hobby, une compétence ou un intérêt spécifique, vous pouvez également décrire ces détails dans votre bio. Vous pouvez utiliser des mots-clés spécifiques qui décrivent précisément ce que vous faites sans prendre trop de place. L'utilisation de mots-clés n'aura pas d'effet sur votre capacité de recherche, mais mettra davantage l'accent sur le type de contenu avec lequel vous voulez que vos followers soient en résonance. Vous pouvez également inclure un lien vers un hashtag de marque pour les rediriger vers un autre profil qui met en avant le type de contenu susceptible d'intéresser vos followers.

Paramètres supplémentaires

Après avoir soigné l'esthétique de votre compte, il est également important d'optimiser quelques paramètres du backend afin de maintenir une expérience utilisateur fluide pour vos followers. Puisque vous êtes une marque ou une personnalité publique, il est important de vous assurer que la confidentialité de votre compte est réglée sur public et non sur privé. C'est important car vous voulez que les gens puissent vous rechercher, voir vos publications et vous suivre sans aucun obstacle. Une fois que vous avez lié votre page professionnelle Facebook à votre compte professionnel Instagram, le paramètre devrait automatiquement passer à "compte public" si vous étiez un compte privé auparavant, mais il est toujours bon de vérifier et de voir quel est le paramètre de confidentialité lorsque vous créez votre compte. Pour ce faire, vous pouvez accéder à l'option de menu de votre compte > Sélectionner Confidentialité > Sélectionner Compte > Désactiver "Compte privé".

Une autre fonction que vous pouvez envisager est de masquer les commentaires offensants qui pourraient nuire à votre marque et offenser d'autres utilisateurs. Pour ce faire, vous pouvez accéder à l'option de menu des paramètres de votre compte > Sélectionnez Confidentialité > Sélectionnez Commentaires > Activez l'option "Masquer les commentaires offensants".

À mesure que votre marque se développe et que vous étendez votre portée à plus d'adeptes, vous souhaiterez peut-être que d'autres personnes vous aident à gérer vos médias sociaux et votre marketing Instagram, et vous pouvez le faire en ajoutant jusqu'à cinq comptes supplémentaires à votre compte professionnel. Pour ce faire, vous pouvez aller dans l'option de menu des paramètres de votre compte > Sélectionnez "Ajouter un compte" en bas > Saisissez le nom d'utilisateur et le mot de passe de la personne que vous ajoutez à votre compte professionnel. Cela permettra à la personne qui vous aide de passer de son propre compte à votre compte professionnel sans avoir à se connecter et à se déconnecter des deux comptes.

Buts et objectifs

Maintenant que vous avez créé votre compte professionnel, voyons ce que vous comptez en faire exactement. La définition de buts et d'objectifs pour votre compte professionnel, en accord avec votre image de marque et votre message, est directement proportionnelle à la manière dont vous commercialisez vos produits ou services sur la plateforme.

Utilisez les questions suivantes comme cadre de base et essayez de rédiger des réponses détaillées et spécifiques afin de définir des buts et des objectifs clairs :

- Que voulez-vous atteindre avec votre contenu ?

- Votre contenu servira-t-il à éduquer et à sensibiliser les personnes qui vous suivent ?

- Quel type de contenu et à quelle fréquence allez-vous publier ?

- Qui est votre public cible et votre contenu actuel lui est-il utile ?

- Comment et qu'allez-vous faire pour maintenir l'intérêt de votre public

?

- Comment vous voyez-vous progresser chaque année sur la plateforme ?

- Quels sont les indicateurs que vous souhaitez suivre pour analyser la croissance ?

- Combien de temps et de ressources pouvez-vous consacrer au marketing et à la publicité ?

Une fois que vous avez rédigé et défini des buts et des objectifs clairs, jetez un coup d'œil sur les profils de vos concurrents et évaluez ce qu'ils font et que vous pourriez peut-être adopter ou éviter. Étudiez le type de contenu qu'ils publient et la fréquence à laquelle ils le font, ce qu'ils font différemment pour s'engager avec leurs followers, à quoi ressemblent leurs publicités éventuelles et comment vous feriez de la publicité différemment, etc.

Après avoir déterminé ce que font vos concurrents, examinez attentivement votre profil et voyez comment vous pouvez vous démarquer de la concurrence. Analysez votre contenu actuel et voyez comment vous pouvez l'améliorer. Peut-être souhaitez-vous archiver d'anciens messages contenant des informations qui sont devenues obsolètes et qui ont probablement besoin d'être réaffichées avec des informations plus pertinentes. Vous pouvez aussi commencer à publier des articles plus fréquemment. Mettez en place un système qui vous aidera à vérifier en permanence votre propre compte et vos publications afin de vous assurer que la qualité est à la hauteur de ce que vous attendez de vos lecteurs.

Avantages du marketing sur Instagram

Selon Social Pilot, "Instagram compte plus de deux milliards d'utilisateurs actifs et plus de 64 % des utilisateurs ont moins de 34 ans." C'est l'avantage supplémentaire du marketing sur Instagram. Maintenant que vous disposez d'un compte professionnel et que vous avez défini des objectifs clairs pour celui-ci, comprenons les avantages et les bons côtés de la commercialisation de vos produits et services sur la plateforme.

L'attrait visuel

Les gens sont des êtres visuels. Si le flux de votre profil Instagram présente un excellent contenu et une palette de couleurs cohérente, les visiteurs sont plus susceptibles de vous suivre rien qu'en fonction de votre capacité à offrir un attrait visuel apaisant. Les gens sont plus enclins à s'engager avec un contenu visuel à la fois concis et informatif, ce qui est essentiel si vous voulez attirer l'attention de vos followers et de vos visiteurs lorsqu'ils font défiler des quantités infinies de contenu sur la plateforme.

Petites entreprises

Instagram a pu aider les petites entreprises ne disposant pas de capital marketing à accroître leur présence simplement en publiant du contenu de manière cohérente. La plateforme permet également aux visiteurs et aux utilisateurs de trouver ces petites entreprises par le biais de liens et de recherches de hashtags. Même si vous ne disposez pas d'un budget marketing considérable pour faire la publicité de vos services ou de vos produits, avec une configuration professionnelle, la publication d'un contenu cohérent et pertinent peut faire en sorte que l'algorithme d'Instagram joue en votre faveur. Allouer votre budget marketing pour que vos posts soient perceptibles - de manière à attirer l'attention des visiteurs occasionnels -

peut certainement contribuer à développer votre audience, en particulier si vous êtes un influenceur.

Notoriété de la marque

Selon SendPulse, "74 % des utilisateurs de la plateforme considèrent que les marques ayant un profil Instagram ou une présence sur les médias sociaux sont dignes de confiance et pertinentes." Les utilisateurs admettent non seulement découvrir de nouvelles marques et influenceurs sur la plateforme, mais se détournent également des entreprises qui n'ont pas d'empreinte sur les médias sociaux. Les médias sociaux n'étaient autrefois qu'un atout pour les entreprises, mais ils sont désormais indispensables pour toutes les entreprises en 2022 !

Un meilleur engagement

Avoir une présence en ligne sur les médias sociaux et en particulier sur Instagram est le meilleur moyen d'établir une relation de confiance avec vos clients. Il est intéressant de noter qu'une publication sur Instagram obtient en moyenne 23 % d'engagement en plus que sur Facebook, même si ce dernier compte davantage d'utilisateurs actifs. Cela en dit long sur la manière dont vos followers souhaitent s'engager avec vous et sur l'endroit où ils souhaitent le faire.

Augmentation des ventes

L'un des principaux avantages du marketing sur Instagram est que le public a tendance à prendre des décisions d'achat beaucoup plus rapidement que sur n'importe quelle autre plateforme de médias sociaux ou site web. Cela est certainement utile si vous commencez à faire de la publicité sur Instagram. Heureusement, Instagram aide les marques et les entreprises en optimisant sa plateforme pour les achats impulsifs grâce à divers outils qui permettent au client de passer directement de l'application à la boutique.

Le développement de l'audience

Instagram vous aide à étendre votre portée en vous permettant d'identifier précisément votre public cible. Avec le gestionnaire de publicités Instagram, vous pouvez attirer le bon public vers vous en fonction de ses informations démographiques, de son comportement d'achat, de ses centres d'intérêt et d'autres paramètres. Si un visiteur montre de l'intérêt en cliquant sur vos publicités, soit il ira jusqu'au bout et effectuera un achat, soit il restera incertain et décidera d'y revenir plus tard. Dans ce cas, le gestionnaire d'annonces propose des solutions de reciblage efficaces pour encourager le visiteur à aller jusqu'au bout de son intérêt initial pour votre produit ou service.

CHAPITRE 2 : TYPES DE POSTS INSTAGRAM

Vous disposez désormais d'un compte professionnel, vous avez fixé des buts et des objectifs pour votre croissance et vous avez optimisé le compte pour qu'il soit couronné de succès. Observons en détail les différents types de posts que vous pouvez faire sur Instagram et les avantages de chacun.

Images

Les images régulières sont de loin les publications les plus courantes sur la plate-forme, et ce pour de nombreuses raisons. Vous pouvez publier une grande variété d'images polyvalentes qui augmentent l'engagement, piquent l'intérêt et attisent la curiosité. Il est important de faire preuve de créativité et de diversité dans la publication d'images et de ne pas donner l'impression à vos followers de faire de la publicité ostensible, mais plutôt d'être authentique et réel lorsque vous publiez du contenu en contexte.

La présentation d'Instagram est très simple et facile à utiliser. Si la présentation n'a pas beaucoup changé depuis sa création, des améliorations ont été apportées à la plateforme pour la rendre plus compétitive.

La plateforme vous permet toujours de publier des photos en format paysage ou portrait ; cependant, chaque image publiée sera par défaut une image carrée dans votre flux de profil. De toute évidence, il devient plus important de se concentrer sur la qualité de vos images en tenant compte de la résolution, des dimensions et de la taille. Vous voulez que votre public soit inspiré et captivé par votre contenu, c'est pourquoi vous devez toujours publier des images en haute résolution dans votre fil d'actualité.

Étant donné que toutes vos images seront réduites à une image carrée dans votre flux, la taille standard des images carrées est de 1080 px par 1080 px avec un rapport d'aspect de 1:1. Pour les posts en mode paysage, la taille idéale est de 1080 px par 566 px avec un rapport de 1,91:1 et pour les posts en mode portrait, la taille idéale est de 1080 px par 1350 px avec un rapport de 4:5. En gardant ces proportions à l'esprit, vous devriez toujours essayer de modifier vos images en fonction de ces dimensions afin de maintenir la cohérence avec vos autres posts d'images.

Prendre une très bonne photo peut s'avérer très utile, et cela se fait avec de la pratique et de l'habileté. La technologie des appareils photo a beaucoup évolué ces dernières années, notamment avec les smartphones qui peuvent rivaliser avec les appareils photo reflex numériques coûteux. Grâce à l'appareil photo de votre téléphone, vous pouvez vous aussi prendre des photos spectaculaires de haute qualité avec votre seul smartphone. Voici quelques conseils pour vous aider à prendre des photos impressionnantes qui attireront l'attention de ceux qui vous suivent.

Lumière naturelle et heure dorée

Comprendre la lumière est l'un des aspects les plus importants de la photographie. Trop de lumière donne à votre photo un aspect décoloré et fatigue l'œil, trop peu de lumière crée des ombres sombres indésirables autour des zones claires de votre photo. La meilleure façon de résoudre ce problème est de comprendre la lumière à chaque moment de la journée et de savoir quelles zones de votre environnement reflètent la meilleure lumière à ces moments de la journée. Prenez plusieurs photos d'un objet au même endroit, sous le même angle et dans la même scène tout au long de la journée pour comprendre les différentes nuances de la lumière naturelle.

Apprenez à exploiter le pouvoir de la prise de vue pendant l'heure dorée de la journée. La première heure après le lever du soleil et la première heure avant le coucher du soleil sont convoitées par les photographes et sont communément appelées "l'heure dorée". La raison pour laquelle tout le monde aime les photos prises pendant l'heure dorée est qu'elles sont les plus naturelles et les plus étonnantes du point de vue esthétique. Pas besoin de filtres !

Règle des tiers et espace

La règle des tiers est un principe populaire et couramment pratiqué par les photographes. Elle concerne la composition et s'applique à la disposition et à l'équilibre de tous les éléments qui composent vos images, comme les différentes formes, les textures, l'arrière-plan, les couleurs, etc. Un bon moyen de comprendre comment utiliser ce principe pour améliorer la qualité de vos images est d'utiliser le paramètre "ligne de grille" de l'appareil photo de votre téléphone et de vous entraîner à aligner vos images. Vous divisez le cadre de votre image en trois lignes verticales régulièrement espacées et en trois lignes horizontales régulièrement espacées qui formeront une grille de 3x3 ou de neuf parties. C'est à l'intersection de ces lignes que l'accent doit être mis sur votre produit.

L'espace négatif ou blanc est l'espace vide autour de votre produit qui est isolé dans le cadre de l'image, ce qui vous permet d'attirer l'attention et de la centrer sur le produit. La combinaison de l'utilisation de l'espace blanc et de la règle des tiers peut réellement créer une image puissante et de haute qualité.

Profondeur et couches

Nous avons vu comment l'utilisation de la règle des tiers et des espaces permet d'isoler et de focaliser l'attention sur le sujet ; de même, l'ajout de couches et de profondeur à vos images peut également être naturellement intéressant. La superposition peut commencer par la mise au point d'un sujet, suivi d'un autre sujet derrière lui qui est légèrement flou, suivi d'un autre à l'arrière-plan qui est à nouveau légèrement plus flou. Il est important de ne pas abuser de la superposition, mais de l'expérimenter et de voir comment vous pouvez mettre l'accent sur votre sujet principal tout en rendant le reste légèrement flou.

Angles et points de vue

Avez-vous déjà pris une photo avec votre smartphone ou votre appareil photo en le tenant instinctivement à la hauteur de vos yeux avant de prendre la photo ? Il est tout à fait naturel pour nous de prendre des photos avec ce point de vue, mais essayez de mélanger les choses et de voir comment vous pouvez prendre des photos avec des points de vue différents, peut-être une vue d'oiseau qui est en hauteur, ou une vue de ver qui est proche de la surface du sol, etc.

L'utilisation des lignes de quadrillage dans les réglages de votre appareil photo vous aidera à faire la mise au point et à équilibrer les photos prises sous différents angles. Si vous avez plusieurs sujets, essayez de les aligner et expérimentez les angles pour voir comment vous pouvez les représenter dans vos images verticalement, horizontalement et même en diagonale si cela vous semble bien et si l'angle est judicieux.

Symétrie et motifs

L'œil humain est fasciné par une composition symétrique qui met en valeur un sujet qui ne serait pas forcément passionnant autrement. La symétrie peut aider à attirer l'œil vers les détails simples de l'image si elle est agréable à regarder. Si la symétrie est bonne pour les yeux, les motifs sont bons pour le cerveau. Notre cerveau est une machine naturelle à reconnaître les motifs et l'expérimentation des motifs peut certainement améliorer la qualité de vos images.

Prises de vue spontanées, d'action et de détail

Capturer une image avec un sujet en mouvement est une compétence à part entière, mais cela peut donner des photos étonnantes. Il n'est pas nécessaire que la photo soit parfaite, même un peu de mouvement et une touche de flou permettent d'obtenir une image presque artistique. Un bon moyen d'obtenir un bon stock de photos spontanées est de s'assurer que votre sujet bénéficie d'une bonne lumière naturelle et qu'il est dans le cadre de votre composition, puis d'utiliser le mode rafale de votre smartphone pour capturer un grand nombre d'images en un court laps de temps.

Vibrant et plein d'humour

Les couleurs vives ont tendance à nous réchauffer, à nous rendre heureux et à nous donner de l'énergie. C'est pourquoi une explosion de couleurs vives et riches peut parfois avoir un impact important sur la qualité de vos images. Trouver le bon équilibre entre les couleurs vives et les tons neutres modérés peut être rafraîchissant pour votre flux. Dans le même esprit d'ajout d'un peu d'éclat, le fait de rester drôle et d'ajouter de la comédie à vos images ajoutera également une touche plus réelle et plus personnelle qui pourra trouver un écho auprès de vos followers.

Édition d'images

Lorsque vous jetez un coup d'œil à de très bons profils Instagram et que vous vous demandez pourquoi leurs flux d'images sont vraiment beaux, ce n'est pas seulement parce que les photos ont été prises de manière professionnelle. C'est aussi grâce au processus d'édition. L'édition seule ne peut pas rendre une mauvaise photo agréable à regarder, alors assurez-vous que vous suivez les étapes ci-dessus et que vous prenez des photos de haute qualité pour commencer. En ce qui concerne l'édition, il existe une pléthore d'applications et de programmes que vous pouvez utiliser pour éditer vos images. La plupart d'entre eux devraient inclure les éléments essentiels suivants.

Culture

Le recadrage de l'image permet d'éliminer les détails gênants ou inutiles qui ne doivent pas figurer dans l'image finale.

Balance des blancs

La balance des blancs vous permet d'ajuster les niveaux de couleur et les conditions d'éclairage de votre photo si vous n'êtes pas satisfait de la prise de vue originale, et la plupart des applications de retouche proposent des modes prédéfinis parmi lesquels vous pouvez choisir.

Contraste

Le contraste est la gamme de tons sombres et clairs qui permet à certains éléments de votre image de ressortir. Si le contraste est trop faible, vous risquez d'obtenir une image plate où rien ne ressort, ou s'il est trop élevé, vous obtiendrez tous les tons, quelles que soient les couleurs, qui ressortent.

Exposition

L'exposition vous permet de rendre l'image aussi claire ou sombre que vous le souhaitez, en fonction de la luminosité de l'image d'origine. Évitez de rendre l'image trop claire ou trop sombre et réglez l'exposition avec modération.

Saturation

La saturation permet d'augmenter l'intensité des couleurs de vos images en les rendant plus lumineuses et en ajoutant un aspect dramatique à votre image finale. L'augmentation de la saturation fait ressortir l'intensité de votre image.

Nettoyage ponctuel

La plupart des applications d'édition devraient disposer d'une fonction de nettoyage des taches qui permet de minimiser ou de supprimer les éléments poussiéreux ou granuleux de l'image finale, alors examinez attentivement l'image finale pour voir s'il y a des taches que vous souhaitez réduire ou supprimer.

Filtres et téléchargement

Une fois que vous avez terminé toutes les modifications sur une autre application de votre choix, il est temps de télécharger votre image finale sur votre fil Instagram. Lorsque vous téléchargez une image modifiée, elle est automatiquement recadrée dans un carré si vous ne l'avez pas déjà fait, puis vous avez le choix entre plusieurs options de filtre. Si vous avez modifié votre image à votre goût, vous pouvez tout à fait ne pas ajouter de filtres supplémentaires.

Vous devez toujours vérifier l'image finale avant de la publier et rédiger une légende qui ajoute un contexte et une signification à l'image.

Vidéos

Instagram vous permet également de publier des vidéos. Les conseils suivants devraient vous aider à optimiser vos vidéos pour qu'elles soient un succès marketing. Il existe également une pléthore d'applications de montage vidéo qui vous aideront à améliorer la qualité de vos vidéos avant de les publier, et vous devez toujours veiller à publier des vidéos qui ont une utilité et qui correspondent à la voix et au message général de votre marque.

Vignette

Comme pour tout le reste, il est important d'attirer l'attention de votre public, même avec des vidéos, d'où l'intérêt de choisir stratégiquement une bonne vignette qui exclut le contenu de la vidéo. Cela permet de susciter l'intérêt et de donner à vos lecteurs une idée de ce qui les attend dans la vidéo.

Son

L'application a tendance à lire automatiquement vos vidéos sans le son, de sorte que pour que votre public entende le son de la vidéo, il doit appuyer dessus. C'est donc un bon conseil à garder à l'esprit lorsque vous créez vos vidéos : ne vous fiez pas au son, car vous voulez que les personnes qui vous suivent comprennent le contenu de votre vidéo sans avoir à appuyer dessus. L'ajout de sous-titres est une bonne idée si la vidéo montre quelqu'un qui parle.

Hyperlapse

Instagram vous permet de créer des "hyperlapses" pour vos vidéos de longue durée, c'est-à-dire de condenser la durée totale en une vidéo plus courte d'une minute. Hyperlapse est une application propre à Instagram qui vous aide à créer facilement des vidéos en accéléré et vous permet également de choisir la vitesse de lecture. Vous pouvez expérimenter la longueur de vos vidéos et voir ce qui convient à votre public et ce qui suscite le plus d'intérêt.

Boomerangs

Les boomerangs sont des vidéos en boucle de trois secondes qui passent en avant puis en arrière. Ils peuvent être amusants et divertissants pour votre public et peuvent représenter n'importe quoi, comme des moments amusants dans les coulisses ou des toasts de célébration avec des verres de vin, etc.

Bobines Instagram

Pour faire face à la concurrence d'autres applications proposant des contenus vidéo courts, la nouvelle fonctionnalité de la plateforme appelée Instagram Reels vous permet de créer des clips vidéo divertissants de 15 à 30 secondes pour à peu près n'importe quel usage, comme des vidéos d'information et des tutoriels rapides. Ils ont leur propre section sur la plateforme, donc lorsque vous créez du contenu pour commercialiser votre produit, tirer parti des Reels est une excellente occasion d'augmenter la traction et l'engagement de vos followers. Au moins 100 millions de vidéos sont visionnées chaque jour ! Les étapes suivantes devraient vous aider à publier des vidéos sur Instagram :

1. Appuyez sur l'icône plus en haut de votre écran et sélectionnez Reel

2. En conséquence, ajustez vos paramètres :

- Durée - choisir entre une bobine de 15 ou 30 secondes

- Musique - tapez dans la barre de recherche la musique que vous souhaitez utiliser.

- Vitesse - choisissez d'accélérer ou de ralentir le rythme.

- Effets - sélectionnez les effets applicables si nécessaire

- Minuterie - définir une minuterie ou un compte à rebours avant que la bobine ne commence à enregistrer.

3. Enregistrez votre bobine et mettez en pause ou reprenez l'enregistrement si vous devez passer à une nouvelle scène en gardant un œil sur la barre de progression en haut de l'écran.

4. Relisez l'enregistrement et rééditez-le si vous n'êtes pas satisfait. Si vous êtes satisfait, cliquez sur l'icône "Partager vers" en bas à droite de l'écran pour partager avec Reels ou avec Stories.

Le partage du clip sur Reels apparaîtra automatiquement sur la page séparée Instagram Reels et vous aurez également la possibilité de le partager sur votre flux parmi d'autres paramètres supplémentaires comme le marquage d'autres personnes ou le recadrage de l'image d'affichage de la Reel. Si vous n'êtes pas encore prêt à le publier, vous pouvez choisir de l'enregistrer dans votre brouillon pour le publier plus tard.

Lorsque vous sélectionnez l'option Stories, vous pouvez soit la partager sur vos stories Instagram, soit avec vos amis proches uniquement.

Histoires Instagram

Les stories Instagram sont une autre fonctionnalité qui vous permet de publier des images et des vidéos beaucoup plus réelles et authentiques qui ne sont pas aussi soignées que celles de votre fil de profil. Ces posts ne durent que 24 heures, après quoi ils disparaissent. Contrairement à votre fil principal, vous pouvez expérimenter avec les Stories et faire ressortir le côté réel et authentique de votre marque ou de votre entreprise en publiant du contenu moins soigné. C'est un endroit idéal pour partager les coulisses de votre entreprise. Les Stories Instagram sont également un excellent moyen pour les entreprises d'être découvertes lorsqu'elles sont associées aux fonctionnalités de recherche de la plateforme. Voici comment commencer à publier sur vos Stories Instagram :

1. Appuyez sur l'icône plus en haut de votre écran et sélectionnez "Story"

2. Sélectionnez la photo ou la vidéo que vous souhaitez télécharger

3. Ajoutez des fonctions supplémentaires telles que la localisation, le texte, les filtres, les sondages, la musique, etc.

4. Appuyez sur le bouton "Envoyer à" et publiez votre histoire.

Une autre grande fonctionnalité de la plateforme est qu'Instagram vous permet de sauvegarder les meilleures et les plus belles histoires en tant que Instagram Highlights à partir de vos Instagram Stories. Les images et les vidéos ne peuvent pas être directement ajoutées aux faits saillants et il faudrait d'abord les publier en tant que Stories. Les Instagram Highlights sont un excellent moyen d'ajouter plus de détails sur votre marque ou votre entreprise que vous souhaitez séparer de votre bio et de votre flux principal, comme vos horaires de travail, vos témoignages ou vos différents services. Ils apparaissent normalement juste en dessous de votre bio et constituent un excellent moyen de rendre permanent un contenu temporaire. Il existe deux façons d'ajouter des articles aux faits saillants : à partir des articles actuels ou de vos archives.

Voici comment vous pouvez ajouter des articles d'actualité aux points forts :

1. Ouvrez un article publié ou en cours et cliquez sur l'icône en forme de cœur en bas de votre écran.

2. Ajoutez l'histoire à un Highlight existant ou créez-en un nouveau si vous n'en avez pas encore.

3. Une fois que l'histoire a été publiée sur le site, vous pouvez modifier l'image de couverture ou choisir un nouveau nom pour le site.

Voici comment vous pouvez ajouter des histoires de vos archives aux faits marquants :

1. Accédez à vos archives en haut à droite de votre profil. Les archives contiennent les articles qui ont expiré après leur limite de 24 heures et tous les autres messages que vous avez supprimés par le passé.

2. Sélectionnez l'histoire, puis cliquez sur highlight en bas du menu et

sélectionnez le highlight auquel vous voulez l'ajouter.

Instagram Live

Alors que les Stories sont un excellent moyen de présenter du contenu préenregistré curaté avec une date d'expiration, Instagram Live est une autre fonctionnalité qui vous permet de vous engager avec votre public en temps réel. Il peut être intimidant pour de nombreuses marques en croissance et en devenir de s'aventurer dans l'espace en direct. Il est toujours utile de se préparer à l'avance et d'avoir un programme si vous prévoyez d'utiliser Instagram Live. Le direct est un excellent moyen de dialoguer avec votre public en temps réel par le biais de discussions et de questions-réponses.

Lorsque vous passez en direct sur Instagram, vous avez la possibilité de le diffuser sur vos Instagram Stories pour faire savoir aux utilisateurs actuels de la plateforme que vous êtes en direct et même d'envoyer une notification aux utilisateurs hors ligne pour qu'ils viennent vous voir. Vous pouvez inviter des invités à vos livestreams pour des collaborations, ce qui ouvre la porte à plein d'autres possibilités marketing !

CHAPITRE 3 : ÉLABORER UNE STRATÉGIE DE MARKETING DE CONTENU

Toute entreprise en ligne a besoin d'un canal de marketing tactique solide et d'une stratégie bien pensée. L'élaboration d'une stratégie marketing ne devrait pas être compliquée, mais l'attention portée aux détails, la patience et la cohérence permettront certainement d'obtenir un retour sur investissement significatif avec le temps. Cette section présente tout ce que vous devez prendre en compte lors de l'élaboration de votre stratégie marketing sur Instagram.

Fixer des objectifs

Lors de l'élaboration d'une stratégie commerciale ou marketing, il n'est pas surprenant que la définition d'objectifs soit toujours la première tâche à entreprendre. Pour définir votre objectif de marketing sur Instagram, vous devez toujours commencer par vous demander pourquoi vous êtes sur la plateforme et ce que vous cherchez à obtenir en y promouvant votre entreprise ou votre marque. Les raisons sont nombreuses et peuvent être les suivantes :

- Il se peut que vous soyez déjà une marque ou une entreprise bien établie et que vous souhaitiez attirer davantage d'adeptes de différentes catégories démographiques.

- Vous cherchez à accroître la notoriété de votre marque et à améliorer votre réputation dans votre secteur d'activité.

- Vous souhaitez peut-être mieux connaître un marché et un public tout en testant une nouvelle entreprise ou une nouvelle idée.

- Vous pourriez chercher à créer une communauté avec vos followers et à fournir des connaissances sur certains produits et services qui ne sont pas satisfaits ailleurs.

- Vous souhaitez probablement stimuler les ventes et augmenter les revenus grâce à des campagnes promotionnelles.

Quels que soient les objectifs que vous définissez pour construire le cadre général de votre stratégie de marketing, il est important de toujours les aligner sur la stratégie SMART : Spécifique, Mesurable, Atteignable, Pertinent et Temporel.

Définir votre public cible

La détermination de votre public cible est une étape cruciale pour la réussite de votre stratégie de marketing. En d'autres termes, vous devez élargir votre public à des personnes qui sont réellement intéressées par vos produits ou services, car elles ont plus de chances de s'engager. Si vous vous adressez à un public inadapté, votre stratégie de marketing s'en trouvera considérablement affaiblie.

L'un des moyens classiques d'éviter cela est de créer un buyer persona ou avatar et de comprendre ses caractéristiques démographiques et ses centres d'intérêt. Utilisez des méthodes fondées sur les données pour mieux connaître votre public et vous renseigner sur son âge, son sexe, son lieu de résidence, sa profession, sa capacité à gagner de l'argent, etc. Plus vous serez précis et détaillé, mieux vous les comprendrez.

Une autre méthode consiste à rechercher des hashtags en rapport avec votre entreprise, votre marque, votre marché ou votre secteur d'activité et à rechercher les profils qui utilisent ces hashtags afin de connaître leur comportement, leurs difficultés, leurs préoccupations et leurs souhaits.

Analyse des concurrents

Analyser ce que font vos concurrents est une démarche judicieuse. Il est toujours préférable de comprendre les règles du jeu sur le marché et de trouver des opportunités pour se démarquer de la concurrence. Si vous connaissez les principaux concurrents de votre secteur ou de votre marché, vous pouvez consulter leur profil et noter les détails concernant leur contenu, leur engagement, leur croissance et d'autres paramètres. Répétez ce processus jusqu'à ce que vous ayez recueilli suffisamment de données sur au moins les cinq ou dix meilleurs profils, puis commencez à analyser toutes les données collectées pour en dégager les points communs et les tendances. Une fois votre analyse terminée, vous devriez avoir une bonne idée du type de contenu que vos concurrents publient et des messages qui suscitent le plus d'intérêt. Il est également conseillé d'examiner les sections de commentaires pour voir si les clients donnent leur avis. C'est un excellent moyen d'évaluer ce dont les clients sont à la fois satisfaits et mécontents. Grâce à ces informations, vous pouvez identifier les opportunités manquées et les failles dont vous pourriez tirer parti.

Conception d'un contenu de qualité

Nous avons examiné les différents types de contenu que vous pouvez publier sur Instagram dans les chapitres précédents, et il va sans dire qu'en tant que marque ou entreprise, vous souhaitez que votre contenu soit à la fois attrayant et agréable à l'œil. Le contenu est certainement roi sur toutes les plateformes de médias sociaux et un contenu de qualité est ce qui sépare le meilleur profil d'un profil moyen. Votre contenu peut être axé sur la promotion de vos produits et services, sur des messages de motivation ou sur la culture de votre marque ou de votre entreprise. Mais si le contenu n'est pas à la hauteur, vos followers risquent de se tourner vers vos concurrents, qui proposent peut-être un contenu de meilleure qualité. Il est donc essentiel d'investir dans la conception d'un contenu de qualité pour réussir son marketing sur la plateforme.

Une esthétique cohérente

Un flux esthétique désorganisé autour de votre contenu pourrait non seulement faire tomber votre marketing à plat, mais aussi vous faire perdre des adeptes. Que vous attiriez de nouveaux adeptes ou que vous conserviez ceux que vous avez déjà, il est important de comprendre que dans l'esprit du public sur une plateforme visuelle, ils vous reconnaissent et vous séparent mentalement du contenu de tous les autres.

Il est très important de suivre l'esthétique de votre marque avec cohérence. Les visuels de votre profil et de votre fil d'actualité doivent correspondre à la personnalité de votre marque. Le maintien constant d'un thème ou d'un concept visuel sur toutes vos plateformes de médias sociaux, y compris Instagram, vous aidera certainement à vous établir en tant que marque aux yeux de vos adeptes.

Élaborer un calendrier éditorial

Ce n'est un secret pour personne : pour se développer sur une plateforme de médias sociaux, il faut fournir un contenu cohérent. En moyenne, les marques les plus performantes publient une forme de contenu au moins deux fois par jour. En tant que nouvelle marque ou entreprise débutant dans le monde du marketing en ligne et numérique, cette responsabilité peut sembler monumentale au début, mais elle finira par se heurter à une pierre d'achoppement. Vous risquez d'être à court d'idées, de vous sentir épuisé ou de perdre en cohérence.

Le moyen le plus simple de rester efficace et cohérent est de créer un calendrier de programmation qui définira les grandes lignes de la diffusion de votre contenu sur une période donnée. Il existe de nombreux outils et applications qui peuvent vous aider à planifier à l'avance vos heures de publication ainsi que le contenu, les légendes et les hashtags. Vous pouvez également utiliser ces outils pour automatiser la publication et obtenir des informations analytiques sur vos publications.

Convertir vos followers en clients

Il ne faut pas oublier qu'en fin de compte, l'objectif global du marketing sur Instagram est de développer votre marque ou votre entreprise en amenant vos clients de la plateforme à acheter vos produits ou services. L'engagement sur la plateforme seul n'est pas suffisant pour augmenter les revenus, donc tout en menant des campagnes promotionnelles, essayez toujours d'inclure un appel à l'action (CTA) dans vos légendes en demandant à vos followers de cliquer sur le lien dans votre bio, car votre bio est le seul endroit où vous pouvez inclure des liens.

Mise en œuvre de votre stratégie de contenu

Maintenant que vous comprenez l'importance de construire une stratégie de marketing de contenu sur la plateforme, voyons comment mettre en œuvre ce plan. Nous avons déjà passé en revue les différents types de posts que vous pouvez utiliser sur la plateforme sous forme d'images, de vidéos, d'histoires et de live. Cette section devrait vous donner une idée des méthodes et des variations de ces posts que vous pouvez utiliser dans votre stratégie marketing.

Images

Il existe de nombreuses variantes de posts d'images que vous pouvez utiliser dans votre stratégie, et vous pouvez même trouver vos propres variantes, alors soyez toujours créatif et n'ayez pas peur de tester ou d'expérimenter de nouvelles idées. Il est également important que ces posts paraissent réels et authentiques et qu'ils ne soient pas mis en scène d'une manière qui pourrait donner à votre public l'impression que vous faites de la publicité pour un appel à l'action.

Posts sur les coulisses

Ces articles sont un excellent moyen de donner à votre public une vue derrière les rideaux de n'importe quelle occasion, événement ou travail que vous pourriez faire.

Postes éducatifs

Ces articles ont de bons résultats, surtout si votre public vous suit pour obtenir des conseils sur des sujets qu'il connaît moins bien. Ces types d'articles vous aident à vous imposer comme une autorité.

Messages d'influenceurs

Travailler avec un influenceur des médias sociaux qui dispose d'un large public en promouvant et en parlant de votre produit ou service est un excellent moyen d'ouvrir votre marque et votre entreprise à un public inexploité.

Messages de motivation

Les messages de motivation sont un excellent moyen d'amplifier le message et les valeurs de votre marque auprès de votre public, en fonction du type d'entreprise ou de marque que vous dirigez.

Contenu généré par l'utilisateur (CGU)

S'il est important de se concentrer sur la création d'un contenu original pour votre public, il y a aussi beaucoup à gagner d'un contenu généré par l'utilisateur ou d'un contenu dans lequel vos followers vous taguent ou qu'ils publient avec le hashtag de votre marque. Tant que le message s'aligne sur le vôtre et que le crédit est donné à la personne, c'est un excellent moyen de mettre en valeur votre propre public sur la plateforme et de montrer que vous vous intéressez vraiment à lui.

Postes de vacances

Il existe presque un jour férié pour chaque occasion et chaque événement dans le monde entier et, à mesure que votre marque se développe en ligne et touche de nombreuses personnes à travers le monde, le fait de participer à la fête ou de la célébrer par un message peut non seulement être un excellent moyen de renforcer votre lien avec votre public qui vous en sera reconnaissant, mais aussi d'atteindre davantage d'adeptes potentiels dans ce groupe démographique.

Postes d'achat

Ces posts sont sans aucun doute votre meilleure chance de générer des ventes et d'augmenter votre chiffre d'affaires, à condition qu'ils soient publiés avec modération et qu'ils ne fassent pas l'objet d'une publicité constante. Les posts sur le shopping doivent comporter vos produits ou services, ce qui permet à vos followers de cliquer sur la boîte d'information qui les redirigera vers votre boutique et les aidera à finaliser leur achat.

Postes du carrousel

Avec les posts carrousel, vous pouvez publier jusqu'à 10 images ou vidéos dans un seul post carrousel et dans le même format. Il s'agit d'un moyen créatif de promouvoir de nouveaux produits ou services et vous pouvez faire preuve d'une grande créativité en fournissant plus de détails sur le produit ou le service, des témoignages de clients, des séquences avant et après, et tout événement que vous avez organisé pour le produit ou le service.

Vidéos

Nous avons déjà établi que le contenu vidéo a tendance à obtenir plus de traction que les posts d'images, donc inclure des vidéos de haute qualité et bien éditées devrait faire partie de votre stratégie marketing car il n'y a vraiment aucune limite à ce qui peut être fait avec des vidéos Instagram d'une minute. Selon HubSpot, 64 % des consommateurs sont plus susceptibles d'acheter un produit après en avoir regardé une vidéo. Il est donc très important de garder à l'esprit les conseils suivants lors de la création de contenus vidéo convaincants.

Promouvoir vos produits

Lorsque vous commencez à créer votre message vidéo, il est important de promouvoir votre produit de la bonne manière pour vous démarquer de la concurrence sans diffuser des vidéos insipides sans message sur le marché. Mettez toujours l'accent sur la valeur ajoutée et faites savoir à votre public en quoi le produit va lui être bénéfique.

Éduquer votre public

En fonction de vos produits ou services, vous voudrez peut-être informer le public sur ce que le produit ou le service offre exactement et sur les avantages qu'il peut en tirer.

Instaurez un climat de confiance avec vos followers

Comme toujours, il est important d'établir une relation de confiance avec les personnes qui vous suivent. En veillant à ce que votre message vidéo soit conforme à la culture et aux valeurs défendues par votre marque, vous susciterez toujours l'admiration et le respect de votre public.

Histoires Instagram

Comme nous l'avons mentionné précédemment, les Stories sont un excellent moyen d'engager le dialogue avec votre public et d'attirer de nouveaux adeptes. Les entreprises et les marques commencent à comprendre l'intérêt de publier des contenus courts, qui n'ont pas besoin d'être totalement professionnels. Nous examinerons ci-dessous quelques-unes des meilleures façons d'utiliser les Stories.

À quelle fréquence publier des articles ?

C'est extrêmement important lorsque vous commencez à élaborer votre stratégie de marketing. Les histoires prennent du temps et vous, en tant que marque ou entreprise, devrez décider de la fréquence à laquelle vous souhaitez publier vos histoires. Si vous en publiez trop, vos followers risquent de ne plus y prêter attention. Si vous en publiez moins, vos concurrents risquent de vous dépasser ou vous risquez de perdre des adeptes en raison d'un manque d'engagement. Il est essentiel de trouver le juste milieu pour votre entreprise, qui corresponde à votre marque et à votre message, car ce qui fonctionne pour quelqu'un d'autre ne fonctionne pas nécessairement pour vous. En résumé, testez ce qui vous convient et ce qui suscite le plus d'engagement de la part de votre public !

Quand publier des articles ?

Pour les posts réguliers, il est important de poster au moment où vos followers sont le plus engagés. Cependant, pour les articles, comme ils ont une fenêtre de 24 heures à moins que vous ne les ajoutiez aux points forts, vous avez la possibilité de publier à n'importe quel moment de la journée sans problème !

Quelles histoires publier ?

La plateforme a vraiment facilité les choses et propose de nombreux outils créatifs que vous pouvez utiliser pour réaliser de belles histoires. Comme nous l'avons vu précédemment, il n'est pas nécessaire d'être professionnel et de faire des affaires ; vous pouvez donner un côté amusant et comique à votre marque ou à votre entreprise. L'analyse des histoires qui suscitent le plus d'engagement devrait vous indiquer le type de contenu avec lequel vos followers aiment s'engager.

Fonctionnalités d'Instagram Stories

Voici quelques fonctionnalités avec lesquelles vous pouvez jouer lorsque vous publiez des Stories Instagram, qui vous aideront non seulement à augmenter les commentaires de vos followers existants, mais qui pourraient également intéresser les visiteurs occasionnels qui tapotent sur votre photo de profil.

Localisation

Depuis que la plateforme a introduit les autocollants, ils sont devenus un excellent moyen d'engagement et peuvent être très amusants à utiliser. Par exemple, si vous êtes dans un restaurant et que vous marquez le lieu de ce restaurant avec un autocollant, vous apparaissez dans les histoires de ce lieu, ce qui est une façon amusante d'attirer les visiteurs des deux profils l'un vers l'autre.

Hashtags

Il en va de même pour les autocollants de hashtag : si vous publiez un article et ajoutez ce hashtag en tant qu'autocollant, il apparaîtra sur la page du hashtag, et les visiteurs occasionnels de la page du hashtag pourront alors consulter votre profil s'ils sont intéressés par votre contenu.

Liens

C'est une grande affaire pour toutes les marques, les entreprises et les influenceurs, car les Stories sont le seul endroit où vous pouvez ajouter des liens cliquables autres que la bio, et un bonus serait si vous enregistrez cette histoire comme un point fort pour une référence future pour votre public. Avoir la possibilité de générer du trafic depuis votre profil Instagram vers des liens externes est essentiel pour votre marketing sur la plateforme.

Collaborations

Lorsque vous travaillez et collaborez avec d'autres profils et influenceurs, le fait de les étiqueter est un excellent moyen de stimuler l'engagement et d'obtenir plus d'adeptes, car toutes les parties tirent parti des adeptes de l'autre.

Sondages, questions et curseurs

Il s'agit d'une autre fonctionnalité très intéressante pour les marques et les entreprises, car elle permet d'engager directement le dialogue avec le public en l'interrogeant sur des idées, vos produits, vos services, etc. Vous pouvez même être très direct avec cette fonctionnalité et interroger directement votre public sur les types de contenu qu'il préfère.

Compte à rebours

Il s'agit d'une fonctionnalité intéressante à mettre en œuvre, en particulier lorsque vous souhaitez stimuler votre public pour une vente, un lancement ou tout autre événement après un compte à rebours.

Cadeaux et mèmes

Ces images ne vieilliront jamais, et il est toujours amusant d'ajouter une personnalité comique expressive à votre marque. Mieux encore, Instagram vous permet de les trouver et de les ajouter facilement à partir d'une bibliothèque.

Instagram Live

Instagram Live est un excellent moyen de faire participer votre public, et vous devriez certainement utiliser cette fonctionnalité dans le cadre de votre stratégie marketing globale.

Aguicher quelque chose

Récemment, de nombreuses marques et entreprises utilisent Live pour annoncer ou parler du lancement d'un nouveau produit, d'un service ou d'un événement. C'est un excellent moyen de créer un engouement et de susciter l'intérêt de votre public pour ce que vous êtes sur le point de lancer ou d'annoncer. Il est évident qu'il ne faut pas dévoiler tous les détails, mais le fait d'annoncer ce que vous allez faire et de fixer la date et l'heure de l'événement est un excellent moyen d'obtenir des résultats positifs.

Questions-réponses, tutoriels et ateliers

Il s'agit là d'un autre excellent moyen d'engager le dialogue avec votre public, en particulier si vous êtes la personne à laquelle il s'adresse pour obtenir de l'aide et des conseils.

Promouvoir vos campagnes

La promotion de votre campagne est un excellent moyen d'utiliser la fonction Live et vous pouvez même faire preuve de créativité tout en créant un sentiment d'urgence chez vos followers. En diffusant des codes de réduction et des offres promotionnelles ponctuelles pour les personnes qui sont en direct avec vous, vous pouvez augmenter considérablement le nombre de téléspectateurs et l'engagement.

CHAPITRE 4 : DÉVELOPPER L'AUDIENCE

Dans les chapitres précédents, vous avez découvert l'importance du marketing Instagram, les différents types de posts et la manière d'élaborer une stratégie de contenu avec eux. Dans cette section, nous allons nous pencher sur l'optimisation de votre stratégie de contenu pour faire croître votre nombre de followers. Votre profil Instagram est plus qu'un simple suivi, c'est votre communauté en ligne. Acheter des followers n'est jamais une bonne option, car vous n'obtiendrez jamais d'engagement de leur part, et votre contenu n'aura aucune valeur pour eux. Vos ressources doivent toujours être consacrées à la construction de votre audience et à son développement pour qu'elle devienne un client de longue date. La seule façon d'augmenter le nombre de vos abonnés est de créer un contenu attrayant de haute qualité et de l'optimiser pour qu'il atteigne le plus grand nombre possible de nouveaux abonnés. Cette section détaille quelques méthodes très utiles pour développer votre audience de manière organique, sans l'acheter ni utiliser de robots spammeurs.

La curation de profil

La raison pour laquelle il est important de soigner votre profil est que les humains sont avant tout des êtres visuels. Créer une bonne première impression pour vos visiteurs est important si vous voulez qu'ils vous suivent. Le maintien d'une esthétique de couleurs et d'un thème cohérents pour votre profil, en résonance avec votre marque globale, peut améliorer l'attrait visuel et l'ambiance de votre profil, en donnant une impression de professionnalisme.

Utiliser des bobines

Vous avez lu et compris ce que sont les vidéos, leur importance et la place qu'elles occupent dans la stratégie marketing d'aujourd'hui. Exploiter la puissance des rouleaux peut vraiment aider à développer votre audience si vous le faites correctement, car les rouleaux sont de loin le type de contenu le plus engageant sur Instagram. Vous pouvez avoir l'impression que l'utilisation de bobines n'a pas de sens pour la stratégie marketing globale de votre marque ou de votre entreprise, mais la créativité n'a pas de limites. Vos followers vous apprécieront toujours pour votre originalité et si vous vous efforcez de créer du contenu de haute qualité pour eu x.

Optimisez vos légendes

Il s'agit d'un conseil ou d'un "hack" très important pour tous ceux qui cherchent à augmenter leur nombre de followers : Optimiser les légendes de vos articles pour la recherche ou, en d'autres termes, l'optimisation pour les moteurs de recherche (SEO). L'optimisation des moteurs de recherche est une stratégie à part entière, et la mise en œuvre d'une stratégie d'optimisation de tous vos messages est le moyen le plus simple d'attirer davantage de visiteurs occasionnels sur votre profil. La plateforme elle-même est un moteur de recherche géant et utilise l'apprentissage automatique pour trouver du contenu de haute qualité qui est pertinent pour vous en fonction de vos critères de recherche. C'est important car de nombreux utilisateurs de la plateforme trouvent du contenu en tapant des mots-clés dans la barre de recherche, ce qui leur donne une pléthore d'options allant des hashtags aux profils à consulter. Il existe de nombreux facteurs derrière l'algorithme qui constituent les critères de sélection du meilleur contenu et, bien qu'il soit important d'avoir les bons mots-clés, il est tout aussi essentiel d'avoir des posts de haute qualité avec des légendes bien écrites.

Stratégies Hashtag

Investir dans une stratégie de hashtags est une autre astuce et un "hack" qui, s'ils sont mis en œuvre de la bonne manière, produiront un retour sur investissement considérablement élevé. Selon SocialPilot, "les messages comportant au moins un hashtag obtiennent 12 % d'engagement en plus et, en moyenne, chaque message contient au moins dix hashtags". Il est essentiel d'utiliser des hashtags appropriés et pertinents qui ont un sens et s'alignent sur le message général de votre message, car cela permettra d'attirer plus d'adeptes qui utilisent la fonction de recherche.

Il existe de nombreux hashtags populaires qui peuvent sembler saturés et encombrés par un trop grand nombre de messages non pertinents. Pour y remédier, il est toujours important d'analyser les hashtags utilisés par votre public, vos concurrents et les leaders de votre secteur d'activité, qui ont un niveau d'engagement élevé. C'est là que vous pouvez vous concentrer sur les hashtags et cibler des hashtags plus spécifiques et moins concurrentiels.

Cadeaux

Qui n'aime pas les cadeaux ? Les cadeaux sont une excellente tactique de marketing pour développer votre audience et, si vous vous y prenez bien et avec la bonne stratégie, vous avez la possibilité d'attirer beaucoup plus d'adeptes. Il est essentiel de définir des attentes et des critères de participation clairs, et il existe de nombreuses options, comme la publication d'histoires ou l'ajout d'un ami, qui peuvent vous permettre d'atteindre un plus grand nombre de personnes.

Influenceurs et marques

S'associer avec des influenceurs et des marques pour engager leur audience afin de promouvoir vos produits ou services est une excellente stratégie marketing et peut être bénéfique pour toutes les parties impliquées. Selon SendPulse, "les marques ont tendance à obtenir un retour sur investissement cinq fois supérieur au montant dépensé pour le marketing d'influence et les partenariats avec les marques". C'est ce qui fait de cette stratégie de marketing une évidence. Cependant, il est essentiel de s'assurer que vous travaillez avec le bon influenceur et la bonne marque. Vous voulez pouvoir travailler avec un influenceur qui est en résonance avec votre produit ou service, afin qu'il soit plus facile pour lui de vous promouvoir sur ses plateformes de médias sociaux pour attirer l'attention et attirer ses adeptes vers vous. De même, lorsque vous travaillez avec une marque, vous devez trouver des moyens de faire correspondre votre produit ou service avec le sien. Vous devez toujours procéder à un examen rapide des antécédents de l'influenceur ou de la marque avec lesquels vous souhaitez travailler afin d'évaluer la manière dont ils interagissent avec leur public et le degré d'engagement que vous pouvez attendre d'eux. Un autre élément important de cette stratégie consiste à déterminer si leur engagement est authentique et s'il ne s'agit pas de robots.

Prise en charge par les invités

Il s'agit d'une astuce marketing inexploitée et peu orthodoxe qui, si elle est bien menée, peut certainement faire croître votre audience. Présenter un invité - un employé, un influenceur, une célébrité ou simplement quelqu'un d'autre que vous derrière la marque que tout le monde a l'habitude de voir tous les jours - peut être un excellent moyen de susciter l'intérêt de votre public et de vos suiveurs. Vous pouvez annoncer à l'avance que votre invité reprendra les articles sous forme de questions-réponses ou d'AMA (Ask me Anything).

Contenu à partager

Dans les chapitres précédents, vous avez lu à quel point il est important de créer un contenu de haute qualité et la raison pour laquelle nous avons insisté sur ce point est qu'il apporte beaucoup à votre marketing en termes de partage. Non seulement la création d'un contenu de haute qualité inspire votre public et peut le conduire à un appel à l'action, mais elle peut aussi l'encourager à le partager avec ses propres adeptes. Le contenu n'a pas besoin d'être sérieux, parfois même un mème ou un gif qui s'aligne sur votre marque peut être un peu amusant et peut être énorme s'il est déjà tendance dans la culture pop. Plus vos posts non commerciaux amusants trouvent un écho auprès de votre public, plus celui-ci sera enclin à partager votre contenu.

Interaction entrante

Une autre astuce géniale pour augmenter l'engagement avec vos followers est de les faire interagir avec vous par le biais d'AMA et de questions-réponses, auxquelles vous pouvez répondre dans un flux d'Instagram Stories. Cela est extrêmement utile si vous êtes un expert en la matière et que vous pouvez offrir des conseils et des connaissances à vos followers qui peuvent également partager cela avec des personnes qu'ils connaissent, apportant à leur tour plus de visiteurs sur votre page. Ce processus d'interaction entrante est un excellent moyen d'établir la confiance et contribue non seulement à développer votre public, mais aussi à susciter son intérêt et sa loyauté à l'égard de votre marque et de votre entreprise. Un autre bon conseil en matière d'interaction entrante est de prendre le temps de répondre et de réagir à tous les commentaires que vous recevez sur vos posts de la part de vos followers, en particulier s'il s'agit d'un retour d'information ou d'une réflexion ou d'une idée qu'ils ont à vous communiquer.

Proposition de valeur

Il est important d'avoir un aperçu des attentes de vos clients lorsqu'ils vous suivent. Imaginez que vous entriez dans un restaurant ou une chaîne alimentaire sans savoir quel type de nourriture y est préparé. Ce ne serait probablement pas la meilleure expérience, et vous feriez probablement demi-tour et iriez dans un endroit dont vous savez à quoi vous attendre. Votre profil et votre marque suivent exactement les mêmes principes. Une proposition de valeur claire sur le type de contenu que vous avez créé est essentielle pour transformer les visiteurs en adeptes, puis en clients.

Promotion croisée

Lorsque vous faites du marketing sur Instagram, il est également important de noter que la plateforme n'est qu'un canal de marketing et qu'en tant qu'entreprise, vous devriez tirer parti d'autant de plateformes sociales hautement engageantes que possible, comme TikTok, Facebook et YouTube. Vous avez également la possibilité de lier votre page professionnelle Facebook, comme nous l'avons vu dans un chapitre précédent.

Défis

L'un des défis les plus populaires sur les médias sociaux qui est devenu viral et que presque tout le monde connaît est le défi du seau d'eau glacée de 2014. Les défis sur les médias sociaux ont récemment connu une forte augmentation et constituent un excellent moyen d'accroître l'audience et de créer de nouvelles tendances. C'est également un excellent moyen d'engager le dialogue avec vos followers et il est possible d'atteindre des millions d'utilisateurs en leur demandant de relever le défi et de vous étiqueter avec un hashtag de marque. Veillez à ce que les défis soient simples et faciles à relever, et appréciez toujours que votre public prenne le temps de s'engager avec vous par ce biais.

UGC

L'une des meilleures façons d'apprécier votre public est d'utiliser le contenu généré par les hashtags de marque ou, en d'autres termes, le contenu généré par les utilisateurs. Il existe de nombreuses façons d'utiliser le contenu généré par les utilisateurs en plus de votre stratégie de création de contenu original. Vous pourriez lancer un défi et demander à vos followers de vous étiqueter avec le défi dans le hashtag de marque, et lorsque vous passez le contenu au crible, vous pourriez ajouter un carrousel des cinq meilleures soumissions, par exemple. C'est un excellent moyen de mettre en valeur votre public sur le flux principal de votre profil et de motiver le reste du public à vouloir participer à nouveau la prochaine fois. C'est un excellent moyen de créer un lien avec votre communauté et d'augmenter l'engagement de manière organique.

Accessibilité

Il est extrêmement important de rendre votre contenu accessible à tous et vous montrerez ainsi que vous vous souciez de tous ceux qui vous suivent. Des choses aussi simples que l'ajout de sous-titres ou de superpositions de texte, la mise en majuscules de tous les mots dans vos sous-titres, la garantie d'une excellente qualité sonore pour vos messages audio et vidéo et la description détaillée des éléments visuels, si possible, sont autant de moyens de rendre votre contenu à la fois accessible et inclusif pour certains membres de votre public malentendants ou souffrant de troubles de la vue.

Cohérence

Dans tout type de marketing sur les médias sociaux, le contenu est roi et la cohérence est essentielle. Vous avez déjà lu à quel point il est important de publier régulièrement du contenu de haute qualité. Il existe de nombreux moyens de faire fonctionner votre stratégie de marketing de contenu sur Instagram sur les quatre roues. Certains d'entre eux consistent à investir dans des applications et des outils de planification ; vous en trouverez de nombreux sur internet, alors faites toujours vos recherches et pesez les différences entre le gratuit et le payant et optez toujours pour l'option qui vous offre le plus d'avantages et qui vous permet de réduire votre temps. Vous pouvez également engager un assistant virtuel ou un responsable du marketing des médias sociaux pour tenir un calendrier serré de publication sur votre compte en suivant les étapes mentionnées dans les chapitres précédents en reliant leurs comptes à votre profil d'entreprise. Un autre conseil de pro consiste à analyser les périodes de forte activité et d'engagement de votre public tout au long de la semaine, chaque jour, afin de savoir quels sont les meilleurs moments pour publier sur la plateforme. Vous devez être en mesure de maximiser votre capacité à atteindre plus d'adeptes et de visiteurs occasionnels pendant les périodes de forte activité afin d'avoir une meilleure chance d'augmenter le nombre de vos adeptes.

CHAPITRE 5 : ANALYSE D'INSTAGRAM

Lorsque vous réunissez tous les éléments de votre stratégie de marketing et que vous commencez à la mettre en œuvre, vous vous rendez compte qu'il est nécessaire de savoir si votre stratégie donne des résultats. Après un certain temps, toute stratégie de marketing nécessitera une certaine forme d'analyse des données afin de déterminer si elle est efficace. Le meilleur avantage de transformer votre profil en compte professionnel est que vous avez accès à Insights, un outil utilisé pour ce type d'analyse.

L'analyse est le meilleur moyen d'obtenir des informations sur le type de contenu avec lequel votre public aime s'engager et sur le moment où il est le plus actif au cours de la journée. Il est important de connaître ces informations afin de mettre en place une stratégie de marketing réussie. Il est important de choisir les bons indicateurs à suivre, car il en existe une pléthore, et vous voudrez probablement suivre des indicateurs conçus spécifiquement pour votre stratégie de marketing. Chaque entreprise et chaque marque étant différente, leur stratégie marketing et leurs analyses seront également différentes les unes des autres.

Dans ce chapitre, vous comprendrez tout ce qu'il faut savoir sur les analyses Instagram et la croissance de votre compte, l'amélioration de votre stratégie marketing et l'atteinte des publics cibles. Nous verrons également l'importance de la croissance de l'audience et des différentes analyses de posts basées sur les métriques accompagnant chaque post.

Analyse de l'audience d'Instagram

Quelles que soient les mesures autour desquelles votre stratégie marketing est conçue, vous devez toujours analyser et étudier les données relatives à votre public car, après tout, toute stratégie de marketing sur les médias sociaux exige que vous développiez un public, que vous nourrissiez de nouveaux adeptes et que vous les convertissiez en futurs clients. Voici quelques indicateurs clés de l'audience que vous devez toujours prendre en compte :

- **Localisation** - Vous devez savoir dans quelle partie du monde, dans quel pays et dans quelle ville se trouvent la plupart des personnes qui vous suivent, afin de déterminer le meilleur moment pour publier un message en fonction de leur fuseau horaire et de leurs périodes d'activité les plus intenses.

- **Âge** - Vous voudrez également analyser et voir quel groupe d'âge résonne avec votre contenu pour décider en conséquence de la fréquence de vos publications, car les plus jeunes ont tendance à passer plus de temps sur les médias sociaux.

- **Sexe** - Il s'agit d'une mesure démographique importante qui permet de déterminer quel sexe est le plus sensible à votre contenu, ce qui devrait vous aider à proposer davantage de contenu spécifiquement destiné à ces personnes.

Une autre mesure clé à laquelle vous devez prêter attention est le nombre de followers et de unfollowed qui vous indique combien de followers vous perdez et gagnez chaque jour. Il est évident que vous souhaitez minimiser le nombre de followers non suivis et augmenter le nombre de followers suivis. Gardez donc un œil sur cette mesure lorsque vous publiez régulièrement sur votre profil, et notez tout pic irrégulier qui pourrait vous indiquer si le contenu a été bien reçu ou non.

Feed Post Analytics

Nous avons parlé de l'importance de construire votre flux principal et d'utiliser un mélange stratégique de contenu vidéo et d'images. Alors que vous continuez à diffuser du contenu de qualité sur votre flux principal, il devient essentiel d'analyser au fil du temps pour déterminer l'efficacité de vos posts. Cela vous donnera une idée si votre contenu correspond bien à l'algorithme d'Instagram et s'il aide votre contenu à atteindre plus d'yeux. Les indicateurs de performance importants à suivre sont les likes, les commentaires, les partages, les sauvegardes et les clics. L'analyse de ces mesures devrait vous donner une bonne compréhension du nombre d'interactions qui ont eu lieu sur ce post et du nombre de comptes que le contenu a atteint. Vous pouvez même encourager vos followers à sauvegarder et à partager votre contenu s'ils le trouvent utile. C'est un excellent conseil, surtout s'il s'agit d'un contenu vidéo, car cela permet de créer un engagement passif au fil du temps, car vos abonnés reviennent toujours pour consulter le message. Encourager vos followers à partager votre contenu avec quelqu'un qu'ils pourraient connaître est également un excellent moyen d'attirer de nouveaux followers partageant les mêmes idées et de construire une communauté solide.

Analyse des récits

Vous avez lu sur Instagram Stories plus tôt dans le deuxième chapitre et vous avez également découvert à quel point vous pouvez être facile à vivre avec les différents types de posts que vous pouvez partager sur Stories. Instagram vous aide à savoir si votre contenu Stories a été bien accueilli par votre public ou non grâce aux indicateurs suivants :

- Retour

- En avant

- Enthousiaste

- Histoire suivante

- Clics sur les liens

- Impressions

- Visites de profil

- Appui sur le bouton de texte

- Swipe ups

L'examen de chacune de ces mesures peut vous indiquer comment votre public a navigué dans vos histoires : S'ils ont cliqué sur les liens ou les zones de texte que vous avez ajoutés, s'ils ont réagi à votre histoire et s'ils ont visité votre profil à partir de l'histoire. D'autres indicateurs clés que vous pouvez suivre sont le taux de consultation et le taux d'achèvement par article. Le taux de visionnage calcule le pourcentage de téléspectateurs qui ont regardé vos histoires du début à la fin et le taux d'achèvement calcule le pourcentage de téléspectateurs qui ont regardé la totalité de chaque diapositive de vos histoires. L'analyse de ces deux mesures, ainsi que d'autres, peut vous donner une image claire de ce qui fonctionne et de ce que vous pouvez améliorer en fonction du contenu que vous publiez dans les histoires.

Bobines et analyses en direct

Nous avons vu l'importance de l'utilisation des Reels et Live Instagram et nous avons également lu à quel point ils sont cruciaux pour votre stratégie de marketing de contenu. Certaines mesures clés que vous verrez pour le live et les bobines sont le nombre de fois qu'elles ont été jouées, le nombre d'interactions sur le post de la bobine, le nombre de comptes que la bobine a atteint, et d'autres mesures d'engagement comme les commentaires, les sauvegardes et les likes. Les bobines sont actuellement le meilleur post sur la plateforme et en tirer parti peut vous aider à augmenter votre portée. Avec Instagram Live, vous verrez les commentaires, les réactions et le nombre total de spectateurs présents pendant le Live, entre autres mesures. Il s'agit d'informations très utiles à avoir lorsque vous prévoyez d'organiser d'autres Lives à l'avenir.

Analyse des achats

Nous avons vu précédemment comment vous pouvez optimiser votre compte pour intégrer votre boutique en ligne et comment vous pouvez créer des posts de shopping avec des liens externes tagués dans le post. Une autre fonctionnalité que vous voudrez activer est Instagram Checkout. En fin de compte, votre stratégie marketing doit inciter vos followers à agir lorsqu'ils consultent vos posts de shopping, et il est important de garder un œil sur les posts qui génèrent le plus de valeur pour votre marque. L'analyse des achats peut vous aider à suivre deux indicateurs clés : le nombre de pages vues et le nombre de clics sur les boutons des produits. Si le nombre de pages vues sur votre page produit est élevé mais que le nombre de clics sur les boutons est faible, cela peut indiquer que le prix du produit est élevé ou que la description du produit n'est pas assez convaincante.

CHAPITRE 6 : PUBLICITÉ SUR INSTAGRAM

La dernière partie de ce livre est consacrée à la publicité sur Instagram et à l'examen de la question de savoir si la publicité sur la plateforme a un sens pour votre marque et votre entreprise ou non. Il y a beaucoup d'avantages à faire de la publicité sur Instagram en termes d'exposition à un public ciblé, de génération de prospects pour votre entreprise et de possibilité de générer du trafic vers un site externe. La diffusion de publicités est une décision importante que vous prendrez en tant que propriétaire d'entreprise ou de marque, il est donc toujours préférable de faire quelques recherches et de vous demander si vous êtes prêt à diffuser des publicités et ce que vous cherchez à obtenir en diffusant des publicités.

Il est normalement logique de diffuser des annonces lorsque votre entreprise commence à peine à décoller, car les annonces sont simplement une méthode d'amplification des efforts que vous avez déployés pour développer organiquement votre entreprise ou votre marque jusqu'à ce stade. Vous ne voulez pas dépenser de l'argent en diffusant des annonces qui ne convertiront pas, ni diffuser des annonces de mauvaise qualité qui ne comportent pas d'appel à l'action souhaitable. Il est également important de comprendre l'état d'esprit dans lequel vous devez vous trouver lorsque vous commencez à faire de la publicité sur la plateforme et que, à moins d'un coup de chance extraordinaire, toutes vos publicités ne seront pas performantes ou ne se convertiront pas. En outre, il se peut qu'à un moment donné, les performances de vos annonces commencent à diminuer. Toutes ces préoccupations font partie du processus et ne doivent pas vous décourager d'analyser ce qui n'a pas fonctionné et d'essayer de retrouver une formule gagnante.

Une fois que vous avez pris votre décision et que vous avez décidé de vous lancer dans la publicité, cette section vous fournira toutes les informations dont vous avez besoin pour mettre en place et mener à bien votre première campagne publicitaire parmi tant d'autres.

Dans le premier chapitre de ce livre, vous avez lu qu'il fallait relier votre profil professionnel Instagram à une page professionnelle Facebook, ce qui est extrêmement important car Instagram utilise la plateforme publicitaire de Facebook pour diffuser des annonces. Si vous avez créé une page Facebook au début de votre parcours marketing sur Instagram, les stratégies suivantes devraient être faciles à mettre en œuvre car toute la configuration, la budgétisation, la programmation, la création et l'exécution de la publicité se feront par l'intermédiaire de Facebook lui-même.

Recherche

La recherche est toujours importante avant de s'aventurer dans quelque chose de nouveau, et vous avez lu dans ce livre qu'il est important d'étudier vos concurrents. Passer du temps à rechercher ce que font vos concurrents et les leaders du secteur vous aidera à comprendre leurs appels à l'action, leurs niveaux d'engagement et les types d'annonces qui convertissent.

Il existe deux façons de rechercher les publicités diffusées par vos concurrents. La première méthode consiste à consulter leur page professionnelle Facebook et à cliquer sur "Transparence de la page" pour voir l'historique de toutes les publicités qu'ils ont diffusées, liées à Instagram et à d'autres plateformes également. En règle générale, si la publicité est toujours affichée, il y a de fortes chances qu'elle fonctionne bien.

La deuxième méthode de recherche est un peu expérimentale, surtout s'ils utilisent une stratégie de remarketing. Commencez par consulter leur profil sur Instagram, puis cliquez sur le lien de leur site web dans leur bio. Lorsque vous êtes redirigé vers leur site web, parcourez quelques-uns de leurs produits et cliquez sur certains d'entre eux pour lire leur description. Quittez et reconnectez-vous à Instagram, et lorsque vous reviendrez sur la plateforme, vous verrez peut-être leur publicité de reciblage sur votre flux d'accueil.

Objectifs

Les objectifs de campagne sont essentiellement ce que vous voulez que les visiteurs et les adeptes fassent lorsqu'ils voient vos publicités. Pour la publicité sur Instagram, les objectifs de campagne sont un peu différents par rapport aux objectifs de campagne sur Facebook, et ils sont les suivants :

- **Sensibilisation à la marque** - Vous souhaitez toucher un plus grand nombre de personnes et faire connaître votre marque et votre entreprise.

- **Portée** - Vous souhaitez que votre publicité soit diffusée auprès du plus grand nombre possible d'internautes.

- **Trafic** - Vous voulez augmenter le taux de clics vers des sites web et des magasins externes.

- **Installations d'applications** - Vous voulez envoyer les gens vers votre boutique en ligne pour qu'ils effectuent un achat.

- **Engagement** - Vous voulez susciter l'engagement sur vos posts par le biais de likes, de commentaires, de partages et d'enregistrements.

- **Conversions** - Vous souhaitez que les visiteurs prennent certaines décisions, comme s'inscrire à une liste d'adresses électroniques ou effectuer un achat.

Si votre objectif est de vendre des produits ou des services en ligne et que vous souhaitez mener une campagne de remarketing, vous devez installer un pixel Facebook, qui est un petit morceau de code que vous pouvez placer sur votre site web pour suivre les visiteurs.

Ciblage

Le ciblage consiste à essayer de trouver les bonnes personnes auprès desquelles faire de la publicité et qui sont les plus susceptibles de passer à l'action et d'effectuer un achat. Instagram dispose des mêmes options de ciblage que Facebook, à savoir la localisation, les données démographiques et le comportement, entre autres.

Pour commencer, vous devez sélectionner le lieu, l'âge, le sexe et la langue. Vous avez également la possibilité de créer une audience personnalisée ou une audience similaire basée sur les deux plateformes. À partir de là, vous avez deux options pour affiner vos critères avec Facebook Audience Insights ou Google Analytics.

Créatif

Concevoir vos créations publicitaires pour Instagram relève à la fois de l'art et de la science, l'objectif étant d'atteindre les bonnes personnes et de les motiver avec le bon ton à s'engager avec votre publicité. Instagram propose quatre types de publicités parmi lesquelles vous pouvez choisir :

- Carrousel - Ces options sont idéales pour présenter plusieurs produits ou plusieurs utilisations d'un même produit.

- Image unique - Les images sont simples si vous commencez à faire de la publicité sur la plateforme. Elles sont assez faciles à mettre en place et fonctionnent très bien.

- Vidéo unique - Les vidéos sont le meilleur moyen d'accrocher votre public avec des clips de 30 à 60 secondes et ont certainement le meilleur retour sur investissement.

- Diaporama - Cette option est idéale si vous disposez de ressources lim-itées et que vous pouvez simplement créer une vidéo avec des images fixes, comme pour une présentation.

Une fois que vous avez fixé vos objectifs, déterminé votre public cible et conçu vos créations, il est temps de créer votre première annonce en suivant les étapes suivantes :

1. Si votre profil professionnel Instagram est lié à votre page professionnelle Facebook, cliquez sur Instagram Ads et saisissez vos identifiants.

2. Rendez-vous sur Facebook Ads Manager et cliquez sur le bouton " + Créer " en haut à gauche de votre écran.

3. Saisissez les objectifs de votre campagne et créez un pixel si vous optez pour le reciblage.

4. Créez votre jeu de publicités en choisissant les préférences de l'audience et votre budget.

5. Cliquez sur continuer pour choisir le type d'annonce que vous souhaitez diffuser et ajoutez votre légende et votre titre pour l'annonce.

6. Prévisualisez votre annonce pour voir à quoi elle ressemblera avant de la diffuser et apportez des modifications si nécessaire.

7. Vérifiez les autres options de distribution si vous souhaitez également le diffuser sur Facebook.

8. Si tout semble correct, cliquez sur Confirmer.

Suivi

Maintenant que vous avez réussi à mettre en place et à lancer votre campagne publicitaire, comme pour toute autre chose, il est important de suivre et de mesurer la performance afin de la modifier et de l'optimiser pour qu'elle soit couronnée de succès. Vous devriez être en mesure de voir les mesures de performance de votre publicité Instagram sur le gestionnaire de publicités après avoir passé votre commande. Vous pouvez également utiliser le gestionnaire d'annonces pour personnaliser et jouer avec les fonctionnalités afin de vous montrer les résultats en fonction de vos objectifs. Si la publicité fonctionne bien les premiers jours, vous pouvez alors augmenter les dépenses publicitaires tous les trois ou quatre jours et continuer à suivre les performances. Si la publicité cesse d'être performante ou commence à décliner, vous pouvez l'arrêter pour analyser l'endroit où elle a cessé d'être performante, puis en relancer une nouvelle.

CONCLUSION

Vous disposez désormais dans ce livre de toutes les informations importantes pour vous guider dans l'élaboration d'une stratégie marketing Instagram solide. De nouvelles stratégies émergent constamment à mesure que la plateforme évolue, mais ce livre devrait vous donner une bonne base pour commencer. Comprenez que le marketing et l'augmentation de votre nombre de followers ne donneront pas de résultats du jour au lendemain, et qu'il s'agit d'un plan de jeu à long terme auquel vous devez être préparé. Vous ne devez en aucun cas opter pour la facilité et recourir à des raccourcis en achetant des followers, car ils ne s'engageront pas dans votre contenu et seront plus que probablement des bots qui enverront des messages de spam et harcèleront vos followers organiques.

Prenez votre temps et expérimentez avec le contenu, voyez ce qui fonctionne et suivez les tendances de la culture pop pour essayer de les intégrer à votre stratégie de contenu si possible. Concentrez-vous sur la définition d'objectifs et de cibles simples dans le cadre de votre stratégie de marketing, et tirez toujours parti d'autres plateformes pour générer et attirer du trafic de manière appropriée. En fonction de votre budget marketing, vous pouvez investir dans des outils, des logiciels, des applications et des personnes externes pour vous aider à faire du marketing et de la publicité sur la plateforme afin de gagner du temps ou, si vous êtes patient et pas pressé, vous pouvez faire croître votre audience de manière organique en publiant des articles et en vous engageant de manière cohérente.

Utilisez tous les types de posts Instagram à votre disposition au mieux de vos capacités et privilégiez toujours la qualité à la quantité. N'oubliez pas que le contenu est roi, et que la qualité est essentielle lorsque vous élaborez votre stratégie marketing pour Instagram afin de développer une audience organique.

Lorsque vous décidez finalement de diffuser des publicités sur Instagram, commencez toujours par faire des recherches sur vos concurrents et choisissez les bons objectifs. Veillez également à créer et à installer un pixel Facebook si vous avez l'intention de mener une campagne de remarketing. Enfin, commencez toujours par dépenser peu d'argent et augmentez progressivement vos dépenses si la publicité fonctionne bien, en apportant les modifications nécessaires à votre publicité en cours de route.

J'espère que vous avez apprécié l'apprentissage du marketing sur Instagram, et je vous souhaite bonne chance dans vos démarches !